RENÉ PINCEBOURDE ÉDITEUR
14, RUE DE BEAUNE, PARIS

On entend répéter chaque jour que le vieux Paris s'en va. On pourrait ce nous semble ajouter, sans crainte de se tromper, qu'une bonne partie de la vieille capitale est déjà loin de nous et qu'il n'en reste trace que dans les plans exécutés avant l'an de grâce 1849.

Après la transformation des Halles, de la rue de Rivoli, des boulevards de Sébastopol, rive gauche et rive droite, du quartier Saint-Antoine, du Temple, etc., etc., on nous annonce celle des quartiers Mouffetard, des Gobelins et de la barrière Fontainebleau. De nouvelles artères vont porter la circulation et la vie dans ces rues primitives; le gaz va forcer les lanternes à huile dans leur dernier asile, et la Bièvre, suivant l'exemple du canal Saint-Martin, va revêtir ses eaux boueuses et nauséabondes d'un solide et inodore manteau de bitume. Bientôt surgiront des maisons à six étages à la place des marais où les melons et les concombres prospèrent encore sous l'œil protecteur des serviteurs de la déesse Pomone, et les omnibus fouleront ce sol resté vierge jusqu'au jour d'hui des empreintes des roues et des traces des chevaux de fiacre.

Les quartiers qui vont disparaître ne sont pas ceux les moins curieux du vieux Paris, et s'ils sont moins connus que les rues de la défunte cité, c'est leur éloignement qui en est l'unique cause. Les bords de la Bièvre ont été de tous temps célèbres par leur industrie; c'est à la propriété des eaux de ce ruisseau qu'on doit les premiers établissements de teinturerie fondés sur ses rives et dont les Gobelins et leurs magnificences sont la suite naturelle. Là encore se

PARIS QUI S'EN VA. — Établissements de tannerie et lavage de peaux sur les bords de la Bièvre.

(Angle des rues Passet et Cochin.)

trouvent la rue de *Croullebarbe* et la rue du *Champ de l'allouette*, célèbre par le crime commis en 1827 sur la *bergère d'Ivry*. Nous donnerons une étude complète sur ce quartier si pittoresque et si industriel dans les numéros où paraîtront les dessins que nous voulons consacrer au souvenir de ces rues ignorées de plus des deux tiers de la population parisienne, et nous déclarons avec plaisir que nos recherches ont été facilitées par les renseignements que nous devons à MM. Cannac et Proux, industriels des bords de la Bièvre, qui se sont mis à notre disposition avec la plus gracieuse obligeance. Pour aujourd'hui nous nous bornerons à rappeler sommairement les détails relatifs à la rivière et au dessin que nous publions.

... lèvre prend sa source à un kilomètre su...
... ... et vient se jeter dans la S... ...près du
pont d'Austerlitz. Jadis elle tombait beaucoup p...
dans le fleuve, mais on a détourné son cours chaque fois
qu'on a reculé les diverses enceintes de Paris. La lon-
gueur de son cours actuel est de 34 kilomètres. La population des bords de la Bièvre est exclusivement ouvrière.
Les seules constructions qui s'élèvent sur ses rives sont
des manufactures. Le chemin de fer de ceinture traverse ce ruisseau à l'endroit appelé : *Butte du Moulin
des prés*, désigné par les gens du quartier sous le nom
de Butte aux cochons.

Notre dessin de ce jour représente un établissement
de tannerie et de lavage de peaux, situé à l'angle des
rues Pascal et Cochin ; il donne une idée exacte de la
physionomie du quartier. A bientôt l'histoire écrite et
dessinée des bords du pittoresque ruisseau parisien.

A. HERMANT.

Odéon : *Madame Aubert*, drame en quatre actes, par M. Édouard
Plouvier. — Déjazet : *Lantara*, pièce en deux actes, par
MM. Xavier de Montépin et Jules Dornay.

Mme ... ... est une humble femme de quarante ans
environ, aux vêtements de couleur sombre, aux yeux
craintifs, à la voix discrète. qui gagne sa vie à donner
des leçons de piano, et qui habite un quatrième étage
dans un quartier lointain, les Batignolles ou le Luxem-
bourg. Tout le monde, à la voir et à l'entendre, lui dé-
cernerait un brevet d'honnêteté, — et tout le monde
serait pris pour dupe. Mme Aubert n'est rien moins que
ce qu'elle paraît être ; avec les passions sans nombre ont
autrefois soulevé ce corsage si effacé aujourd'hui ; les
brises les plus folles ont transporté jadis par-dessus
tous les moulins parisiens ce chapeau que retiennent
maintenant à son cou des brides mortifiées. Elle ne
s'est pas toujours appelée de ce nom vulgaire et si en
harmonie avec la simplicité de ce costume ; elle a été la
Flora d'un monde de luxe et de plaisir, la Flora des
soupers et des nuits de fête, celle que l'on citait pour
ses diamants, pour sa voiture pour ses chevaux, pour
son impertinence, pour son hôtel, pour ses laquais,
pour ses épaules, pour ses mots ; la Flora à qui faisait
cortége, il y a vingt ans, tout un peuple d'amants
ruinés !

Je trouve que M. Édouard Plouvier s'est montré bien
cruel en allant arracher cette pauvre femme au silence
et à ... solitude de son expiation, et en la forçant à
re... sur le chemin de sa honte, effarée, toute en
la... Ainsi a-t-il fait pourtant, ce justicier impi-
... Il a donné un enfant à Flora, et bien que le
... titre du drame devrait être : *le Fils de la cour-
...* n'aura pas osé. Heureuse et épouvantée à la
fo... maternité, la misérable créature renonce vo-
lo... ...ent aux caresses de son enfant ; elle le confie
à de... ...ns étrangères, pour n'avoir pas à rougir devant lu... et afin qu'il grandisse dans l'ignorance de son
origine. En même temps elle rompt avec son passé et
rentre entièrement dans l'ombre. Le papillon redevient
chenille. La ceinture dorée de Flora fait place au cilice
de Mme Aubert.

La pièce commence au moment où Georges a vingt
ans, — vingt ans qu'il porte hautement et fièrement. Il
se croit orphelin, et il se glorifie presque de l'être. Il
est riche, instruit, distingué. Il marche droit devant
lui, ne doutant de rien, sévère aux autres. Sur ces en-
trefaites, ce qu'il était facile de prévoir et ce qui n'a
pas été prévu, se produit naturellement. Élevé dans la
famille du notaire Bertin, Georges est devenu amou-
reux de la fille de son bienfaiteur ; il demande sa main
et est fort étonné qu'on la lui refuse. En face de son
insistance, le notaire est obligé de lui tout révéler :
Georges apprend du même coup que sa mère existe et
qu'elle s'appelle Flora. Il y a là de quoi faire pâlir les
fronts les plus impassibles. Le jeune homme chancèle,
porte la main à son cœur et devient comme fou ; tous
ceux qui ont connu Flora, tout ceux qui parlent de
Flora, il va à eux, il leur marche sur les pieds, il les
provoque. Ce grand désespoir est bien exprimé.

Georges Flora (dans une pièce de Léon Gozlan il y
avait un personnage du nom d'Aglaé fils !) doit se battre
en duel avec Armand de Saint-Géry. Mais voyez comme
tout s'enchaîne : le père de cet Armand a été un des
protecteurs de Flora, et il l'a tellement protégée, qu'il
a gaspillé pour elle toute sa fortune. Avant de se battre
avec le fils, Georges croit de son devoir de restituer au
père cette fortune qui lui fait horreur. Il va le trouver,
à l'heure où celui-ci déjeune philosophiquement de
deux œufs à la coque. Le vieux gentilhomme se révolte
à l'idée d'une restitution ; il résulte du choc de ces
deux dignités un dialogue très-éloquent.
... acte seulement, Georges gravit les
... qui conduisent à l'appartement de

Mme Aubert. Son cœur es...
...érieur froid et ...iste ...
...tément ; c'est une explos...
« Ma mère, disait *le Fils*...
...mas fils, tu vas tout me ra...
analogue, Georges se hât...
ne veux rien savoir ! » J'...
nier cri.

Le comte de Saint-Gé...
Mme Aubert. Il vient la p...
maternelle pour empêcher...
mand. — Avez-vous devi...
frères ? Oui, si vous ave... l'habitude des choses dramatiques. A ce moment, le drame att... à son plus haut
degré d'émotion ; le public est conquis... ...teur peut
le mener partout où il voudra. Mais l'... ...ve
enfin à bout de cruauté ; il sent ses...
se mouiller ; il étouffe lui-même da...
enfermé ses personnages ; il n'a...
faire souffrir ; il les abandonne à... ...ments et à
leurs instincts généreux. Une fois sur le terrain, Georges
et Armand jettent leurs épées et se précipitent dans les
bras l'un de l'autres. De son côté, le comte de Saint-
Géry reconnaît publiquement le fils de Mme Aubert,
ce qui lève tout obstacle à son mariage avec la fille du
notaire. Seulement, et comme il faut un correctif à ce
dénoûment aimable. on s'entend pour laisser seule
dans un coin Mme Aubert, qui ne sera heureuse que du
bonheur des autres. Il ne lui est pas permis de sou-
haiter davantage. *Lasciate ogni speranza !*

S'il existe un homme de bonne volonté parmi les
écrivains dramatiques (je dis les écrivains, et non les
auteurs) c'est bien certainement M. Édouard Plouvier.
Après avoir longtemps cherché ses aptitudes et son
terrain, je crois qu'il a enfin trouvé l'un et les autres.
L'Outrage, *le comte de Saulles* et *Madame Aubert* son...
autant de titres à la maîtrise. Cette dernière œuvre
développe avec un tact constant les côtés oubliés d'une
thèse abordée jadis avec une rudesse, extrême par
M. Félicien Mal" defille. dans les *Mères repenties*.

Madame Aubert, dont le succès datera dans les fastes
de l'Odéon, est jouée avec un vigoureux ensemble.
Iphigénie et la Champmeslés, n'auront jamais fai...
verser autant de pleurs que Mlle Thuillier, dans ce
rôle de l'ex-Flora. Si M. Tisserant avait encore à faire
sa réputation de comédien de premier ordre, il l'éta-
blirait sûrement avec le personnage du comte de Saint-
Géry. M. Laroche et Mlle Mosé. M. Villerey et Mlle Pi-
card, ont aussi leur part de cette réussite qui se ma-
nifeste chaque soir par une exhibition générale de
mouchoirs humides,

J'ai vu le *Lantara* de MM. Xavier Montépin et d'Ornay.
Ce n'est pas plus un Lantara que je suis un Berquin.
Pendant deux actes, il n'est occupé qu'à faire des portraits, — portraits de greffiers, d'huissiers, de fillettes, —
lui qui n'a jamais su dessiner une figure. Mais qu'importe ! Lantara, c'est Mlle Déjazet ; et l'histoire doit être
contente. Pourquoi ne serait-elle pas Lantara, comme
elle a déjà été Gentil-Bernard, Richelieu, Garat, Lauzun,
Voltaire..., et même le duc de Reischtadt ? Prodigieux
petit bonhomme ! l'œil mi-clos, le sourire errant sur
la lèvre, la voix aigrette, la jambe fine comme une
aiguille, tout élégance et tout esprit !

CHARLES MONSELET.

CHRONIQUE MUSICALE

Théâtre des Bouffes-Parisiens : *Les Petits du premier*, opérette
en un acte, de M. Busnach, musique de M. Émile Albert. —
Une vengeance de Pierrot, opérette en un acte de MM. Le-
vebvre et J. Lambert, musique de M. Blangini fils.

On pourrait faire un vaudeville très-gai, ou au
besoin un drame larmoyant avec les péripéties subies
par une des dernières opérettes des Bouffes. Cette opérette, qui a nom les *Petits du premier*, — autrement,
pour le Français, les enfants d'un premier mari, — est
née rue Bellefonds, n° 8, dans une salle de théâtre
destinée aux exercices dramatiques d'une société d'a-
mateurs. Il faut dire que cette petite scène, d'ailleurs
parfaitement outillée, était située au fond d'une seconde cour, et que les passants, qui n'y entraient ni
pour or ni pour argent, n'en soupçonnaient pas même
l'existence. Un public d'invités y jugeait à huis clos.
Arrivait-il qu'un compositeur fût acclamé, son nom
ne retentissait point au b... du monde... à moins l...
savait-on dans le quartier,
qu'un locataire... ...ait
nocturne.

Ces petites ova... ...f.
apaiser le juste... ...u
gloire. MM. Bus...
leurs *Petits*...
venait de s'in...
Là, au moin...
public pa... ...à dire

(..... Il faudra qu'un... ...ces
M. Pfeiffer, de la maison...
mative de la *pianomanie* a...
des plantes, de l'Institut et de...

Les Petits du premier étaient...
théâtre des Bouffes ne dédaigna...
Il n'en est pas moins vrai que les...
rette errante ont dû passer troi...
épreuve des répétitions, que trois...
leur a fallu remettre sur le métie...
per ceci, ajouter cela, modifier...
à la soubrette, refaire ce couplet...
voix du ténor... que sais-je ? On n...
voulait raconter cette bataille à
...appelle une répétition.

On conviendra bien qu'à ces t...
Émile Albert ont mérité un mot...
la presse. Leur pièce reçu...
n'est d'ailleurs pas sans mé...
de province venir chercher à P...
femme. Il croit avoir affaire à des...
sur ses genoux pendant la r... te, t...
deux gaillards très-bien v... ...
et de l'humeur la plus... ...ule
bourse à sec par des em... ts
veut partir qu'à la con... ...d'e
reuse, laquelle emmèn... ...rère
servante de l'auberge, e... ...us
du pauvre homme, auto... ...u
famille improvisée et...

La musique de M. Émile Albert...
des qualités mélodiques t... ...pr
qué dans l'ouverture un... ...de
tour et de l'élégance,... ...n
ténor et un trio d'une... ...oup

Les Bouffes ont don... ...mai...
geance de Pierrot.

Pierrot y est mis d... ...situa...
incognito chez Pénélo... ...pièce
elle finit par de véri... ...cènes
loux de trouver le c... ...Frac...
lombine, imagine... ...le gal
faire vider une certai... ...e prov
maceutique..... C'e... ...tour de
de Garus, une farce dont... dû se...
du docteur Purgo... ...is je n'...
advient.

La musique de... ...gini se...
les plaisanteries... ...es du...
gaîté décente et n... ...jamais
me rappelle entre autres morcea...
contient, l'air d'entrée de Pierrot...
et d'aimable désinvolture ; une cl...
pagnement chang... ...haque cou...
bien écrit pour... ...ix. Le to...
bileté.

Mais ne vous... ...t-il pas à
que cette chronique soit datée...
feuilleton du vieux Geoffroy ? M.
le fils de l'auteur de *la Sourde-
tesse de Lamarck*, des nocturn...
raffolai... ...ises d...
que Seud... ...n ces... ...c

« N... ...799... ...8 no...
Paris en 1799, un an a... ...of
...agréable et d'une touch...

PARIS IGNORÉ. — Les bords de la Bièvre. — (D'après nature, par M. Yon.)

une des plus lugubres affaires d'assises; un mari, un cabaretier de la rue de Vaugirard, ancien employé des pompes funèbres, qui a tué sa femme à coups de hache et qui a jeté le corps dans la cave, un ivrogne sinistre pour lequel le jury de la Seine n'a dû se montrer sans pitié! Je m'en tiens là, car le compte rendu est complet ainsi; les détails n'ajoutent rien au tableau et n'en retranchent rien. J'aime mieux vous raconter l'histoire de ce galant pâtissier que la cour d'assises a traité aussi fort sévèrement. Lucien Fournier s'était marié en 1843, il avait vécu en très-mauvaise intelligence avec la veuve qu'il avait épousée; dix ans après, il allait courir le monde, abandonnant sa femme et ses deux enfants, et les époux ne se rencontraient, en 1866, que pour faire immédiatement prononcer leur séparation de corps et de biens. Tout dernièrement, Lucien Fournier revient à Paris, et il est arrêté sous la prévention d'un délit des plus légers; alors une femme, une jeune Anglaise de vingt-trois ans, se présente chez l'aîné des enfants, qui est devenu grand garçon, et lui demande de lui remettre l'argent qu'il doit à son père. Le fils proteste qu'il ne doit rien, et sa mère, arrivant précisément à ce moment-là, il invoque son témoignage. La jeune dame juge alors à propos de se faire connaître : — Mme Fournier, dit-elle. — C'est moi, madame, répond l'épouse qui croit que l'inconnue veut lui parler. — Mais non; c'est moi! reprend l'inconnue fort étonnée. — Ah! c'est trop fort! la femme de Lucien Fournier?... — Eh bien, oui, c'est moi! — Mais non, c'est moi!

En somme, c'était toutes les deux; mais la première l'était seule légalement et elle l'a bien fait voir en réclamant ses droits à M. le procureur de la République. Lucien Fournier était donc accusé de bigamie; il avait épousé à Londres Elisabeth Edwards, vers le milieu de l'année dernière. Il a prétendu qu'il l'avait épousée « sans s'en douter le moins du monde; » ce sont ses propres paroles que je transcris! Ce pauvre homme était tombé malade en Angleterre, la compatissante Elisabeth Edwards l'avait si bien soigné qu'il était revenu à la santé contre toute prévision. Alors elle l'avait engagé à venir avec elle à l'église pour remercier Dieu de cette guérison inespérée, il y avait consenti bien volontiers; dans un élan de reconnaissance profonde il s'était agenouillé au pied de l'autel, à côté de miss Elisabeth son ange gardien; ils avaient prié ensemble, et, le lendemain seulement, il avait appris avec une stupéfaction profonde qu'il était très-régulièrement et très-complètement marié!... C'est à renoncer à jamais visiter l'Angleterre, la perfide Albion.

Il est fâcheux que miss Elisabeth soit en ce moment à Londres, où elle vient de donner le jour à un fils, car si elle avait entendu le portrait ressemblant que Mme Fournier n° 1 a fait de son mari à l'audience, ses regrets seraient moins amers en apprenant qu'il a été condamné à huit ans de travaux forcés.

Une audience des référés nous a appris encore quelle était la triste et difficile situation du théâtre du Châtelet: cette scène infortunée a passé par une série de difficultés et de malheurs qui, s'ils pouvaient être formulés en dialogues et divisés en tableaux, formeraient un poème dramatique capable de rappeler le succès même sur ces planches qui semblent maudites. Que manque-t-il donc à ce beau théâtre pour que ceux qui l'exploitent y fassent leur fortune? C'est à n'y rien comprendre! La salle est bien coupée, commode, bien éclairée, favorable aux toilettes; la scène est large, profonde, bien agencée, bien machinée; les féeries n'y ont pas été plus stupides que partout ailleurs; nulle part on a porté plus loin le luxe des décors et des costumes; les trucs étaient des plus ingénieux; les actrices étaient jolies et bien faites; les acteurs étaient pleins de verve comique; des drames intéressants, et suffisamment écrits pour l'époque, y ont été représentés; enfin la foule s'était habituée assez vite à « assiéger les bureaux, » comme l'on dit si souvent; les réclames qui ne mentaient pas... Quel est donc ce mystère? En dernier lieu, on a représenté cent fois au moins la Maison du Baigneur, et les peintres décorateurs, MM. Daran et Poisson, ont été réduits à former une saisie-arrêt pour être payés des décors qu'ils ont exécutés, des décors his-

foriques ou à peu près; la chambre de Mme de Verneuil, la maîtresse de Henri IV, le palais du Louvre, etc., etc.... M. le président du tribunal, sur l'exposé lamentable de la situation qui lui a été fait par l'avoué de MM. Lacressonnière et Paul Deshayes, a jugé plus prudent de nommer un séquestre, qui touchera les recettes et qui en répartira le montant à qui de droit.

Croiriez-vous, lecteurs, que c'est en 1862, il y a onze ans et plus, que cette charmante et gracieuse Emma Livry est morte, morte brûlée vive! Déjà si longtemps! me suis-je écrié quand le procès dont je vais vous entretenir m'a rappelé cette catastrophe. Hélas! oui, c'était à une répétition générale de la Muette de Portici. Fenella, attendant son entrée, s'était assise dans les coulisses. Elle relevait ses jupes de mousseline pour ne pas les chiffonner; elle ne vit pas un bec de gaz; et en moins de quelques secondes la pauvre enfant était entourée de flammes. Elle est morte après une longue et douloureuse agonie de huit mois. Mme Emarot, sa mère, fut gratifiée par la liste civile impériale d'une somme de 40,000 francs et d'une subvention annuelle de 6,000 francs, qui a cessé d'être payée depuis le 4 septembre 1870. Aujourd'hui, Mme Emarot réclame à la liquidation de la liste civile 12,000 francs pour les deux annuités échues, plus le capital nécessaire pour assurer dans l'avenir le payement de cette subvention. — Et, ici, force nous est de revenir au langage judiciaire.

C'est là, dit Mme Emarot, une indemnité; l'administration reconnaissait qu'il y avait de sa faute, que toutes les précautions nécessaires n'avaient pas été prises, et elle transigeait à l'amiable en accordant ces subventions; c'est donc une véritable dette qu'elle a contractée.

Le tribunal a décidé que c'était là un acte de pure munificence et non la représentation de dommages-intérêts; que, par conséquent, il était inutile de rechercher s'il y avait eu faute imputable à l'administration de l'Opéra, et, par suite, à la liste civile impériale, qui cesse de payer parce qu'elle cesse d'être.

Pour éviter les accidents de cette nature, l'administration de l'Opéra avait pris un arrêté, aux termes duquel les costumes comme les décors devaient être confectionnés avec des étoffes préparées par le procédé Carteron, qui les rend ininflammables; mais Mlle Emma Livry avait écrit ceci au directeur de l'Opéra:

« Je tiens absolument, monsieur, à danser les premières représentations du ballet avec mes jupons de danse ordinaires, et je prends sur moi *la responsabilité de tout ce qui pourrait m'en arriver.....* Je ne peux pas m'exposer avec des jupons qui seraient laids ou qui n'iraient pas bien, etc..... »

Voilà un douloureux autographe qui conseillera aux artistes de se résigner aux jupons *laids*, et qui encouragera l'administration de l'Opéra à repousser impitoyablement toute concession de ce genre.

PETIT-JEAN.

LE TRAIN 12

(Suite.)

Mais la voiture s'arrêtait, et déjà elle était en bas de l'escalier. Il fouillait encore dans sa poche, cherchant de la monnaie pour le cocher, qu'elle tombait sur sa poitrine, le serrait, l'embrassait, l'entraînait, insouciante des commères qui, sur le seuil des portes, ricanaient en les regardant. Et puis c'était un caquetage d'oiseaux joyeux, de folles courses du haut en bas de la maison, et des rires d'enfant, coupés de baisers sonores et de silences inattendus. Mais trop souvent, hélas! cette journée si gaiement commencée, s'achevait dans la bouderie et les larmes. Il ne fallait qu'un mot, jeté au hasard, sur telle ou telle femme, pour assombrir le front de Suzanne et la troubler jusqu'au fond de l'âme. Elle questionnait, insistait, se perdait en suppositions, lançait des mots acerbes, harcelait enfin son mari jusqu'à lui faire perdre patience.

Pierre, qui d'abord avait ri des défiances de sa femme, et qui peut-être même avait été, jusqu'à un certain point, flatté de se voir l'objet d'une aussi complète convoitise, essaya, quand il vit qu'elle s'affligeait réellement, de lui démontrer la folie de ses soupçons; mais, logique dans son absurdité, elle réfutait ses raisonnements par d'autres raisonnements, non moins admissibles, et répondait à ses protestations par l'ironie et le doute. A la fin, Pierre, impatienté, s'en remit à l'avenir du soin de justifier sa conduite. Il cessa dès lors de se défendre, et dédaigna même de donner sur ses habitudes les détails qu'elle sollicitait sans cesse avec avidité. En même temps, il évitait dans la conversation tout ce qui pouvait éveiller les susceptibilités de sa tendre mais trop ombrageuse compagne. De là, forcément, des restrictions et une sorte de réserve, au lieu du charmant abandon des heureux jours.

Suzanne était trop fine pour ne pas saisir cette nuance, et trop entêtée de sa chimère pour ne pas interpréter toute modification dans le sens de sa manie. Les réticences souvent peu habiles de Pierre et l'espèce de retenue qu'il s'imposa vis-à-vis d'elle, furent pour ses yeux prévenus un témoignage irrécusable d'infidélité. Cependant elle brûlait d'obtenir une certitude, — car le propre de la jalousie est de douter d'elle-même et de désirer avec passion s'assurer de ce qu'on redoute plus que la mort, — et, pour y arriver, elle modifia subitement sa manière d'être en affectant une sécurité absolue.

Pierre commença par se réjouir de ce changement, puis il s'en alarma: s'il lui avait été cruel de voir sa femme douter de lui, il souffrit plus encore d'une indifférence qui, chez elle, dénotait moins la confiance que le dédain. Il se demandait, à son tour, quel espoir ou quelle préoccupation avait pu si brusquement opérer une telle quiétude. Avait-elle cessé de l'aimer?... Mais Suzanne, cela étant, n'était point une âme à vivre sans amour... Fallait-il donc admettre qu'un autre eût exploité à son profit les velléités maladives de cet esprit de jeune femme? Fallait-il supposer qu'une affection nouvelle absorbât à la fois les doutes passés et les craintes à venir?... Et alors, qui donc?

Il se souvenait d'avoir vu chez elle une ou deux fois un grand jeune homme à moustaches blondes, le frère d'une amie, un musicien... un improvisateur... Suzanne, en effet, paraissait l'écouter avec grand plaisir... Fallait-il la croire capable de?... Mais toute l'honnêteté de Pierre se soulevait à cette pensée et lui défendait d'aller plus loin dans ses soupçons; alors il retombait accablé sur lui-même, ne sachant à quelle certitude s'arrêter.

Ainsi ces deux êtres qui s'adoraient aggravaient, par mille tourments imaginaires, les peines réelles de leur triste situation.

La correspondance des jeunes époux se ressentait aussi de l'état de leurs esprits. Les lettres étaient brèves, oiseuses ou singulièrement compassées, et chacun de son côté y puisait en les lisant une conviction plus complète de son infortune.

Au milieu de ces préoccupations, l'époque habituelle du voyage de Pierre arriva. Il l'avait impatiemment attendue, voulant provoquer une explication et sortir coûte que coûte de cet état inexplicable; car tout, même une rupture, lui paraissait préférable à l'angoisse qui peu à peu envahissait toute sa vie. Pourtant, lorsque se leva, toute rose, l'aurore du jour considéré par lui comme décisif, une défaillance le prit, et ce fut tristement, sans résolution bien nette et sans plan arrêté, qu'il se mit en route.

Pour la première fois depuis leur séparation, Suzanne n'apparut pas à sa fenêtre quand la voiture jaune tourna l'angle de la rue... Elle ne se montra pas davantage à la porte, et Pierre eut tout le loisir de chercher au plus profond de sa poche la menue monnaie qu'il destinait au cocher sans que personne songeât à l'interrompre. Pour tout dire enfin, il dut ouvrir lui-même la petite porte peinte en chêne à l'aide du passe-partout qui lui était d'ordinaire si parfaitement inutile.

Suzanne était encore couchée! Elle dormait ou feignait de dormir. Au moins eut-elle tout à fait l'air d'une personne qui se réveille, lorsque Pierre pénétra dans sa chambre.

— Est-ce que tu es malade? demanda-t-il dès

Les bords de la Bièvre. — Les laveuses.

Quai de lessivage, rue Croulebarbe.

Passage de deux bras sous le boulevard des Gobelins.

Types de blanchisseuses.

Entrée de la rivière dans une blanchisserie
sous le boulevard des Gobelins.

La blanchisserie Noiret.

PARIS QUI S'EN VA

Le lavage des peaux.

Des troubles ont eu lieu à Madrid, dans les journées du 10 et du 11 à l'occasion d'une manifestation des étudiants de l'université, en faveur d'un de leurs professeurs qui venait d'être révoqué.

Le sang a coulé en plusieurs endroits. Nous empruntons à la *Correspondencia*, journal de Madrid, le récit de ces tristes événements :

« Dès la tombée de la nuit, la Puerta del Sol et les rues avoisinantes étaient encombrées de monde. La fo... vociférait et sifflait. La cavalerie et la garde civi' ont exécuté des charges pour dégager les rues. Deux ou trois bourgeois ont été blessés.

» Plusieurs émeutiers s'étaient réfugiés dans une maison en construction ; de là, ils lancèrent des pierres et des projectiles contre la force armée ; plusieurs gardes civils et un caporal d'artillerie furent atteints et blessés, ce dernier grièvement. L'infanterie a dû faire feu : il n'en est pas résulté de malheurs, aucun blessé n'ayant été transporté à l'hôpital. Cela se passait à huit heures du soir. Les rues de San Geronimo et d'Alcala, loin de désemplir, étaient complètement obstruées par la foule ; plusieurs charges de cavalerie furent exécutées : des coups de feu furent entendus.

» Dans la rue de Séville, un employé du ministère de l'intérieur a été tué par une balle reçue en pleine poitrine. Un ouvrier tomba frappé mortellement à la tête par un coup de sabre. Trois militaires et neuf bourgeois furent amenés à l'ambulance de la rue Jacometreza. Tous avaient des contusions ou des blessures d'arme blanche. Deux ou trois sont blessés grièvement. Place del Progresso, à 10 heures du soir, on avait amené sept individus blessés à l'arme blanche ; deux grièvement. Dans El Principal, on établit une ambulance où furent transportés sept blessés. Le café de la Iberia a reçu deux blessés. La pharmacie de la place Santo Ano en a reçu trois. Le nombre des blessés tant militaires que bourgeois a dû être considérable.

» Pendant la nuit de nombreuses arrestations ont été faites ; dans El Principal il y avait dans la soirée plus de cent prisonniers appartenant à la classe ouvrière ; plusieurs étaient porteurs d'armes.

» De minuit à trois heures du matin (heure à laquelle nous écrivons), la tranquillité a été rétablie. Le centre de Madrid a été le théâtre exclusif de ces tristes événements. Dans la rue de Tolède et dans les faubourgs, il n'y a rien eu. Nous tenons de bonne source que le gouvernement n'a pas songé à mettre Madrid en état de siège. L'autorité civile n'a pas publié de proclamation (*bando*). Nous espérons que les désordres de ce soir seront les derniers. C'est surtout à la Puerta del Sol et dans le rayon des rues qui l'avoisinent que l'émeute s'est concentrée. Il a fallu renforcer la garde d'El Principal. »

Pour extrait :

M. V.

PARIS QUI S'EN VA (1).

II

Après avoir parcouru un frais vallon, à l'ombre de magnifiques peupliers, la Bièvre se divise en deux branches, à la hauteur du boulevard des Gobelins ; c'est là pour ainsi dire qu'elle fait sa véritable entrée dans Paris. Elle passe sous le boulevard des Gobelins et reparaît pour prêter ses eaux à une grande fabrique d'indienne.

A partir de cet endroit jusqu'à la Seine, la rivière devient une véritable rigole encaissée dans des parois de maçonnerie. Elle est éclusée, élargie, rétrécie, suivant les besoins ; tous les quinze jours on la met à sec pour enlever les immondices qu'elle charrie ni plus ni moins qu'un des égouts de la ville. Elle n'a plus de rivière que le nom, et lorsqu'on suit ses bords, derrière

(1) Voir notre numéro 415, du 25 mars.

les Gobelins par exemple, on se demande ce que peut être cet horrible ruisseau dont les eaux puantes sont recouvertes d'une couche d'ordures formant croûte et répandant une odeur fétide à plusieurs centaines de mètres à la ronde. Tel est l'état de la Bièvre qui fait la richesse de cent fabriques ; on lui pardonne d'être sale en considération des richesses qu'elle procure, et de sentir mauvais parce que les gaz ammoniacaux qu'elle dégage, loin d'être insalubres, sont de véritables préservatifs, en temps d'épidémie, pour la nombreuse population ouvrière qui vit sur ses bords.

Dans la rue du Champ-de-l'Alouette nous rencontrons la blanchisserie Noiret, située près de l'emplacement de l'ancien moulin Croulebarbe, dont le régicide Fieschi fut longtemps le gardien ; c'est là que se blanchit le linge des prisons. En descendant la rue Croulebarbe, on rencontre un grand nombre de mégisseries et surtout des blanchisseurs de linge. Le lavage se fait en contre-bas de la rue, dans la Bièvre. Chaque blanchisseur possède sur les bords de la rivière, enterrés jusqu'au bord, un certain nombre de tonneaux pour lesquels il paye une redevance à la ville ; les lavandières entrent dans ces tonneaux jusqu'à mi-corps de façon à se trouver bien à portée de l'eau et à éprouver d'autant moins de fatigue qu'elles n'ont pas à se baisser. Lorsque les ouvrières ne travaillent pas, les tonneaux sont fermés au moyen de couvercles cadenassés et ce n'est que dans les cas d'oubli de cette précaution que le public peut profiter de cette installation.

La mégisserie et la teinturerie des peaux sont les deux industries qui salissent le plus la rivière ; il est incroyable que l'eau puisse encore être utilisée quand elle a passé derrière deux ou trois de ces fabriques.

Nos dessins de ce jour représentent quelques-uns des principaux établissements situés sur le ruisseau parisien. A droite de la rue Croulebarbe est la blanchisserie pour les prisons militaires. Puis un atelier de *sciage de peaux* : cette industrie a pour objet de séparer les peaux dans le sens de leur épaisseur et d'en faire deux avec une. Puis viennent les tanneurs et les mégissiers : les peaux arrivent là sortant des abattoirs et ne repartent que propres à être livrées au maroquinier, au gantier ou au cordonnier.

Les grattages de peaux, appelés *bourres de laine*, sont enlevés de ces usines et portés dans des ateliers spéciaux pour subir le triage et le lavage ; c'est toujours la Bièvre qui fait les frais de cette seconde opération. Le triage est opéré par des femmes qui séparent les couleurs et les espèces ; et les *bourres triées* sont mises dans des mannes que des hommes placent à fleur d'eau et agitent à l'aide de grands bâtons jusqu'à nettoyage complet.

Il est impossible de donner une idée complète du pittoresque de ces quartiers ; nous engageons nos lecteurs parisiens à les visiter avant qu'ils disparaissent, persuadé que nous sommes qu'ils ne regretteront pas leur excursion à ces antipodes du boulevard des Italiens.

A. HERMANT.

L'INCONNUE

Suite (1)

Arrivé au lieu où se trouvait le buisson odorant qui m'avait tant intrigué et qui, du côté du parc plus encore que sur le chemin, répandait son odeur pénétrante, je ne vis ni berceau, ni siége, ni mouchoir oublié. Et comme je demandai à mon cicérone d'où provenait ce parfum qui s'étendait au loin, il me montra, aux pieds des buissons, plusieurs touffes basses d'une plante au feuillage d'un vert laiteux, rasant le sol et étoilée de petites fleurs jaunes. « C'est le musc, » me dit-il. J'étais fixé ; je lui mis cinq francs dans la main pour ne pas l'avoir dérangé inutilement, ce qui prouve combien j'aurais été magnifique si, au lieu de trouver une simple plante inconnue, j'avais rencontré le trésor que je cherchais, et je regagnai tristement la porte de sortie en disant que la propriété était trop grande pour un homme seul. Le concierge n'insista

1 Voir les numéros 416, 417 et 418.

pr... ...u'il lui visit... ...
au... ...d'un inconnu si généreux.

Je... ...aussi inutilement mes recherches pendant... ...nzaine de jours ; mais je ne veux pas vous y faire assister, de crainte de me répéter et de tomber dans la monotonie. Il me suffira de vous dire qu'irrité par l'insuccès et voulant absolument savoir à qui j'avais eu affaire, j'en étais arrivé à me montrer moins scrupuleux dans le choix des moyens, et ne reculais plus devant des questions dont j'avais repoussé l'idée au début de mes recherches. Tout fut inutile. Personne ne put me renseigner ; je ne découvris nulle part aucun indice, et je circulai vainement, un nombre illimité de fois, sur le chemin américain, entre Bougival et Rueil, avec retour sur Bougival.

L'inconnue était introuvable. C'était à croire que j'avais rêvé, ou qu'elle n'habitait plus le pays.

A mesure que s'éloignait davantage l'époque de notre rencontre et que diminuait, par conséquent, mon espoir de la renouveler, l'impression qu'elle m'avait laissée devenait plus vive et plus exigeante. Je tenais d'autant plus à elle que je me sentais menacé de la perdre à tout jamais. Je n'osais m'avouer que ce sentiment était de l'amour, mais je craignais de le comprendre. Ma raison prit le dessus cependant ; je fis un sage retour sur moi-même ; je me dis que je n'étais plus d'âge à attirer l'attention d'une femme, et je cherchai à me persuader que je devais oublier. Je me mis au travail avec ardeur ; je suspendis mes recherches, mais je n'oubliai pas.

J'étais dans ces dispositions d'esprit, non pas guéri, mais un peu calmé par la raison, quand une circonstance inattendue vint rouvrir ma blessure en réveillant mon espoir. Je reçus d'un de mes amis, garçon riche, viveur, très-répandu dans le monde, et que j'avais perdu de vue pendant mes deux ans de séjour en Italie, une invitation à dîner. Il habitait une villa de la côte, à peu de distance de la Seine, sur le versant de Port-Marly, qu'il m'indiquait. Je m'étais établi à la Celle sans savoir que je l'eusse pour si proche voisin. Je le croyais à Paris, ou plutôt aux bains de mer ou aux eaux d'Allemagne, dont il était un habitué. En me rappelant ses goûts mondains, je ne doutais pas qu'il ne connût tout ce qu'il y avait de bien dans la colonie parisienne qui peuplait le pays depuis Rueil jusqu'à Saint-Germain. « Je lui parlerai, me disais-je, de la femme que j'ai rencontrée et, au portrait que je lui en ferai, il la reconnaîtra probablement, et me dira où est son nid, si elle n'a pas encore fui la contrée. » Je n'eus donc garde de ne pas accepter son dîner, qui était pour le dimanche suivant ; on était au jeudi. Je lui répondis aussitôt que j'aurais le plus grand plaisir à me rendre à son invitation ; mais la satisfaction que j'exprimais était au-dessous de celle que j'éprouvais.

Je me demandais comment lui-même avait pu découvrir mon installation champêtre. Sa lettre m'était directement adressée, tandis que les autres m'arrivaient habituellement après avoir frappé à mon domicile de Paris. Pour être plus libre, je n'avais confié qu'à quelques intimes le lieu de ma retraite.

Une circonstance qui ajoutait à ma satisfaction, parce qu'elle me prouvait que mon ami habitait le pays depuis assez longtemps, c'est qu'il le connaissait à merveille. Je le vis aux indications qu'il me donnait dans sa lettre pour que je me rendisse chez lui par le plus court chemin, c'est-à-dire sans passer par Bougival, ce qui m'eût fait suivre un angle droit. Il me traçait un itinéraire qui, en me faisant passer par Saint-Michel, m'amenait chez lui en droite ligne. Ce fut le chemin que je pris le dimanche, et je remarquai avec étonnement, quand je me trouvai à mi-côte à une faible distance de Port-Marly, toute une partie de pays, peuplée de jolies villas ayant vue sur la Seine, que je ne connaissais pas, et qui, par conséquent, avaient échappé à mes recherches. La maison de mon ami était une de celles-là ; j'y arrivai par un grand jardin s'ouvrant sur le sentier que j'avais suivi et comprenant le verger et le potager. De l'autre côté de la maison, devant la façade principale, s'étendait, moins grand, mais très-fleuri, un beau parterre, que je vis plus tard, et dont la grille ouvrait à une faible distance de la rive.

Je trouvai mon ami dans le grand jardin, où il causait en se promenant avec quelques invités, tous gens de l'industrie ou de la Bourse. Il nous présenta et se montra très-cordial. Moralement, il me parut que je le retrouvais tel que je l'avais laissé deux ans plus tôt.

LES MÉGISSERIES DES BORDS DE LA BIÈVRE. — Dessin de E. VILLOT.

Il y a aussi, — car il faut bien qu'il y ait quelque chose d'espagnol dans la construction de ce chemin de fer qui va à Madrid — il y a une différence de quelques centimètres dans l'écartement des rails.

Cette différence de quelques centimètres n'a l'air de rien, n'est-ce pas? Eh bien! c'est un trait de génie.

La nation espagnole, qui est très-fière — elle n'a que cela à faire en dehors de ses *pronunciamientos*, et cette dernière industrie chôme quelquefois — la nation espagnole, dis-je, se sentait humiliée de faire construire ses voies ferrées par des ingénieurs français, des ouvriers français et avec de l'argent français. Et comme elle est ignorante, paresseuse et pauvre, elle n'en pouvait mais. Que faire? Eh parbleu! c'était bien simple; elle a exigé que ses rails fussent un peu plus espacés que ceux des chemins de fer français, belges, allemands, etc., etc. Dès lors, l'honneur castillan était sauf, et l'Espagne continuait de se croire la première nation du monde. Notez qu'aujourd'hui encore, dans le pays des hidalgos, on considère que les ingénieurs et les actionnaires français doivent s'estimer très-honorés d'avoir, les premiers, sacrifié leur santé, les seconds, leur argent, à l'établissement des voies ferrées *plus larges* que les autres.

XLII

Entrons, s'il vous plaît, dans les bâtiments de la douane d'Irun, qu'on doit traverser pour gagner le train de Madrid.

Comme il faut toujours que ces messieurs d'outre-monts se donnent de l'importance, la visite est longue et laborieuse. Heureusement l'examen de notre bagage peut se faire en un tour de main.

La cérémonie fiscale terminée, en ce qui nous concerne, nous nous empressons d'aller faire connaissance avec le wagon que nous avons la perspective d'*habiter* pendant près de vingt heures, lequel wagon, je l'ai déjà dit, est, à l'orthographe des inscriptions près, en tous points semblable à ceux de nos chemins de fer du Midi.

Je ne saurais passer sous silence l'impression que m'inspira la vue du premier objet que j'aperçus en sortir de la douane d'Irun. Cet objet était un gendarme espagnol.

J'ai traversé des villes et des pays magnifiques pour arriver dans cette station thermale fière de sa verdure et des hôtes illustres qui s'y rencontrent en ce moment.

En passant à Cologne, je suis allé voir où en étaient les travaux de la nouvelle cathédrale. Un guide fort intelligent m'a fait circuler autour de ce vaste monument, et après une assez longue course, il m'a été permis de contempler les cinq ouvriers laborieux qui achèvent cette basilique.

Évidemment M. le baron Haussmann, cet actif préfet auquel on rendra justice un jour, n'est absolument pour rien dans la direction des travaux de la cathédrale de Cologne. Sans cela il y a longtemps que tout serait achevé. Les lettrés de Cologne, où il y en a beaucoup, ne diraient plus ironiquement :

« Opera pendent interrupta....

« Minæque....

Vous savez le reste.

Je vous rapporte comme souvenir, des flacons d'eau de Cologne, cette essence si vantée, et selon moi si indigne de sa réputation. Ils sortent des laboratoires des meilleurs faiseurs, et vous lirez sur l'étiquette la mention banale : *Jean-Marie Farina*. Je dis *banale*, et voici pourquoi :

Il y a dans un de ces faubourgs les plus pauvres de Cologne une famille Farina étrangère dans le principe à la fabrication de l'eau de Cologne. Qu'ont fait certains malins? Ils sont allés trouver les membres de cette famille et ont obtenu d'eux, moyennant une faible rétribution, que tout enfant mâle qui naîtrait de leur union, serait orné des noms de Jean-Marie, lesquels joints à Farina, nom de famille, les mettaient à même de fabriquer pour toute l'Europe de l'essence légalement pourvue de cette étiquette magique. Cologne a donc en réalité ajouté une fabrique de Farina à sa fabrication d'eau de senteur.

J'ai traversé Aix-la-Chapelle, une ville bien triste qui entretient le deuil de Charlemagne.... On m'a parlé de Louis le Débonnaire comme d'un personnage dont l'existence ne remontrait pas beaucoup plus haut que la Restauration de 1815.

Il y a un spectacle à Aix-la-Chapelle. Je m'y suis rendu à huit heures et demie. On avait joué *Don Juan* de Mozart, et on fermait les portes. Je repasserai.

Spa est absolument dans l'ivresse en cet instant. La promenade de *Sept heures* est fou- imaginer une façon plus gracieuse que la leur, pour passer soit un billet, soit un rouleau d'or à la belle dame que le hasard favorise.

Vous avez perdu dix florins sur les zéros d'Ems qui vous ont trahi. J'en place dix autres sur les zéros de Spa qui sortent beaucoup en ce moment.

L'aimable directeur de ces beaux salons m'engage à être prudent. Je serai prudent. A vous.

— Baron de Fracasta.

SALLE DES PAS-PERDUS.

SCÈNES JUDICIAIRES.

XV

Notre chroniqueur judiciaire nous a adressé le curieux compte rendu qu'on va lire il y a près de quinze jours, mais l'affaire Pic et Taillefer est de celles dont le retentissement dure longtemps, et la saisissante photographie de ces étranges débats n'a rien perdu de son intérêt.

M. Prévost-Paradol suit, depuis trois jours, les débats de l'affaire Pic et Taillefer. De dix à six heures! Il est venu chercher, au palais de justice, les émotions qui deviennent de plus en plus rares au palais de l'Institut. Il s'est fait attacher à son banc, comme un naufragé de la Méduse.

La jeune doctrinaire était venu voir ces choses, avec la joie d'une femme qui assiste au dépouillement de la correspondance scandaleuse d'une autre femme, prise en flagrant délit d'adultère. Vous comprenez assez qu'il ne venait pas pour Pic et pour Taillefer. A quand l'article, ô jeune immortel, chéri des dieux *cadets*?

Alfred d'Aunay, le bien aimé patron de notre boutique, n'a pas acheté trente mille francs le droit de vendre de la politique. Donc, je me tais. La parole est à M. Prévost-Paradol.... Je me contente de dire que ces scènes sont une comédie de Balzac jouée au théâtre Guignol. Pendant trois jours, nous avons assisté à une représentation formidablement drôle.

Tout d'abord, j'avais cru que ces gens-là attitude est convenable. Tout a été convenable chez lui, même le vol. Voilà ce qui est écœurant.

La lutte de ces deux êtres est navrante. Ils jettent, l'un sur l'autre, la responsabilité des détournements. Ils ne se disputent point l'honneur à jamais perdu, mais la pitié du jury. C'est ignoble. On demanderait un peu de cynisme. La vue de Lacenaire nous eût rafraîchis.

**

Mais le demi-dieu de cette affaire, à qui on devrait dresser une statue, sur quelque place publique, — je souscris pour dix francs — c'est M. Mongehal.

Comprenez : Mongehal est un honnête homme et un entrepreneur de bâtisses. Il avait un procès avec la ville au sujet d'une créance pour travaux de maçonnerie, etc., etc. Il est l'associé de M. Magniet *qui ne sait pas lire*.

Pic leur dit ceci :

« Votre créance sera reconnue et vous aurez, comme épingle, la croix d'honneur.... si vous le voulez bien.

« Nous le voulons bien, disent Mongehal et Magniet ; que faut-il faire ?

« Un journal politique.

« Mais je ne suis pas lettré, dit Mongehal.

« Qu'importe, dit Pic.

« Mais je ne sais pas lire, dit Magniet.

« Croyez-vous donc que cela soit nécessaire? » répond Pic.

Si j'avais été juré, j'aurais acquitté le directeur de *l'Étendard*, à cause de cette phrase. Et le journal parut. En deux ans, cette feuille publique a mangé un million. Peu de *nos* filles ont cet appétit.

Voilà les hommes qui commanditaient ce journal, pilote *du vaisseau de la France*, ainsi que s'exprimait Pic. J'imagine que ce vaisseau échouera, si on n'y prend garde, sur un banc d'huîtres.

Mongehal demande ses comptes. Tout s'embrouille. Taillefer qui, de son côté, avait donné un million, est arrêté. Cela se complique. Et voici comment et pourquoi ce bon journal est sur le banc des assises.

Seul Magniet, qui n'a pas déposé contre Pic, et dont l'honnêteté est, s'il est possible, plus naïve encore que celle de son associé Mongehal, seul, Magniet n'a rien compris; il demande pourquoi *l'Étendard* ne paraît plus.

Il avait l'habitude de s'asseoir sur un banc

---

ses. Il y a des inventeurs qu'il a subventionnés, des ouvriers qu'il a aidés à s'établir....

Et jamais d'usure! L'intérêt à 5 p. 100, par acte dressé chez le notaire de la rue de Paris.

Quand les opérations ne réussissaient pas, à peine M. Durand s'est-il plaint!...

Si vous consultiez le notaire, il vous dirait que M. Durand a hérité de plusieurs parents éloignés. On a lu les lettres, à l'étude. Puis, encore on a vu M. Durand venir le lendemain de grands événements apporter de grosses sommes. Lecteur de journaux sérieux, l'habitant de la rue des Prés avait deviné ces événements et placé ses fonds sur de bonnes valeurs dont la hausse lui produisait de larges béné- des divans à la turque, des pipes, des armes, des tableaux, un lustre!... Ce fouillis témoignait en somme d'assez de goût. On y entrait peu. M. Durand le faisait voir aux nouveaux venus, mais n'y recevait pas....

— Là, disait-il, je fais ma sieste. Là je m'enferme quand « je n'y suis pour personne.... » J'y vis avec mes souvenirs....

On racontait que jadis M. Durand ne s'y enfermait pas seul.... C'étaient des artistes qui imaginaient cela, car nul n'en savait rien.

Jamais la maison de la rue des Prés ne vit de grands festins, ni de splendides fêtes. On y venait, on y déjeunait, on y dînait. Presque toujours M. Durand avait quelqu'un à ta-ble.

Quinze jours après, M. Durand avait la douleur de reconnaître, dans le cadavre du polichinelle trouvé pendu au poste de la rue de Clichy, son domestique Jacques, fortement accusé d'avoir assassiné Francœur....

M. Durand, qui était sensible, essuya une larme....

— C'est bien naturel, n'est-ce pas? monsieur, dit-il au magistrat....

IV

LES AMOURS DU RÊVEUR.

Julien Vigneau, le domestique de Soissons bien jouer son double rôle, et d'arriver à son but, tout en menant une existence semée de roses....

Ce que Joséphine aimait, c'étaient les parties de campagne. L'hiver finissait. Julien avait aussi des idées printanières. On allait donc dans les champs aux premiers lilas....

Or, les lilas de Romainville ont acquis dans le monde des grisettes une juste célébrité. Il fut donc convenu qu'on irait un dimanche, à Romainville.

C'est fort loin de la rue de Ponthieu, mais les omnibus ont des correspondances. Pour trente centimes on descend rue de Paris, à l'entrée de Belleville. Pour dix centimes de plus on monte à la place des fêtes....

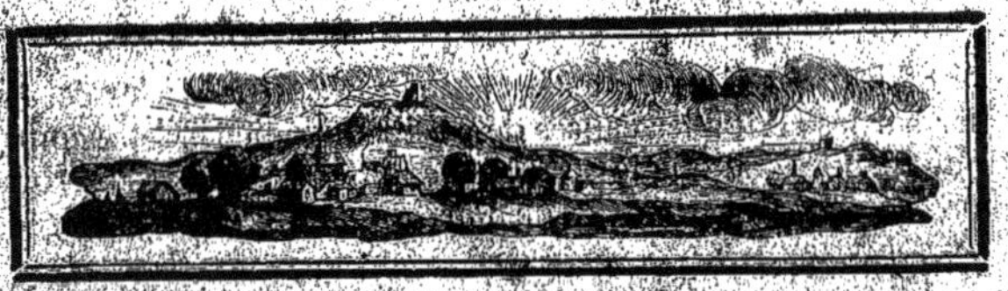

RAPPORT

SUR L'ÉTAT ACTUEL

DU COURS

DE LA RIVIÈRE DE BIÈVRE.

Par M. Hallé.

LA Société de médecine, consultée plusieurs fois par la municipalité provisoire, sur divers objets de salubrité publique, ne s'est pas contentée de répondre aux questions qui lui ont été proposées, elle a cru que cette confiance lui imposait de plus grands devoirs, et que tout ce qui avoit rapport à la santé des citoyens, devoit entrer dans le plan de ses recherches.

Ses premiers regards se sont portés sur la section des Gobelins.

Dans cette section coule la rivière de Bièvre, sur laquelle diverses manufactures sont établies. Mais la manière dont elle est distribuée présente d'abord de nombreux inconvéniens, par l'odeur infecte qu'elle répand presque par-tout; ensuite il semble qu'on peut assez raisonnablement lui attribuer la fréquence de certaines maladies très-communes dans quelques-uns des endroits où elle passe.

Des commissaires nommés par la Société de médecine

ont fait sur les lieux toutes les recherches propres à les éclairer sur les véritables causes de ces inconvéniens. Cette compagnie a décidé que le résultat de leurs observations seroit présenté au département de Paris, comme un objet digne de son attention.

Cours de la Bièvre dans Paris. *La rivière de Bièvre*, après avoir traversé le village de *Gentilly*, entre dans *Paris* par le quartier appelé maintenant la *Section des Gobelins*, vers un lieu nommé *le clos Payen*, et se jette ensuite dans la Seine, au dessus du Jardin des Plantes. *(Voyez le plan et son explication.)*

Vallon de la Bièvre. Depuis le village de Gentilly, presque jusqu'à son issue, elle coule dans un vallon étroit, plus ou moins resserré entre des terrains élevés, qui vont à gauche former les hauteurs de l'observatoire, du Val-de-Grâce et de Sainte-Geneviève, à droite celles des Gobelins.

Ce vallon, un peu plus large près Gentilly, se resserre vers le boulevard, à l'endroit où la rivière entre dans la ville, s'élargit bientôt après, entre la rue de l'Oursine et les Gobelins, se resserre de nouveau vers la rue Mouffetard, au lieu où se touchent les montagnes des Gobelins et de Sainte-Geneviève; il s'étend ensuite, d'abord à droite, puis à gauche; et enfin, vers le Jardin des Plantes, il se confond avec les rives de la Seine.

Lit principal. Pour bien connoître le cours de la rivière de Bièvre, et en apprécier les avantages, les inconvéniens et leurs causes, *Canaux latéraux.* il faut distinguer son lit principal des canaux latéraux qui en sortent ou qui s'y rendent, et dont la direction mérite une attention particulière relativement à la propreté, la commodité et la salubrité des lieux dans lesquels ils se répandent.

Ce lit principal, ainsi que les canaux latéraux, doit encore se diviser en deux parties; l'une supérieure, qui s'é- *Partie supér.* *Partie infér.* tend depuis Gentilly jusqu'à la rue Mouffetard, l'autre inférieure qui, de la rue Mouffetard, s'étend jusqu'à la Seine.

Dans toute la partie supérieure, le lit principal de la Bièvre est très-supérieur au vallon qui, non-seulement se trouve au dessous du niveau de l'eau, mais au dessous même du fond du canal; dans la partie inférieure, au contraire, le niveau de l'eau se trouve au dessous du sol, et le lit va toujours en s'enfonçant dans le terrain qui, vers l'embouchure, se trouve profondément creusé pour son passage.

La direction totale du véritable lit de la Bièvre est, comme celle du vallon, du *sud-ouest* au *nord-est*, mais cette direction est interrompue par divers circuits ; en effet ce canal, placé d'abord à droite du vallon, circule au pied des hauteurs qui bordent ce côté, et les suit, dans leurs contours, depuis Gentilly jusqu'à la rue Mouffetard. Là il les quitte pour se porter à gauche au pied de la montagne Sainte-Geneviéve ; il suit alors la direction de la rue Censier, jusqu'à celle du Jardin des Plantes, au dessous de laquelle il passe, et se jette dans des terrains cultivés tant en jardins qu'en marais ; il y conserve d'abord sa première direction, puis après quelques contours il se dirige de gauche à droite, passe sous le boulevard, un peu au dessous de la Salpétrière, et va à *angle droit* se terminer dans la Seine, un peu au dessus du Jardin des Plantes.

Direction totale du lit principal.

D'après ce que nous avons dit, son inclinaison seroit assez forte si elle étoit uniforme, mais sa continuité est interrompue par plusieurs chûtes sur lesquelles sont établis des moulins (1).

Son inclinaison.

Depuis Gentilly jusqu'à la Seine il y a cinq moulins sur la rivière de Bièvre. Le premier est hors Paris, près Gentilly : c'est le *moulin des Prés*. Le second est à l'entrée de Paris : c'est le *moulin de Croule-Barbe*, qui maintenant est un moulin à farine. Le troisième est placé près de la rue Mouffetard : c'est un *moulin à fouler les étoffes*.

Moulins.

Jusqu'à celui-ci le canal de la rivière est, comme nous l'avons dit, plus élevé que le sol du vallon. Après ce moulin il lui devient inférieur.

---

(1) Nous n'avons pas pris les mesures nécessaires pour déterminer le degré de l'inclinaison totale, ni la hauteur des chûtes que fait l'eau à l'endroit de chaque moulin; cette précision n'étoit pas nécessaire pour nos recherches.

Le quatrième est un moulin à farine, situé rue du Jardin des Plantes, après lequel le terrain cultivé en marais s'abaisse considérablement, ainsi que le canal de la rivière. Le cinquième moulin est placé à peu de distance de l'embouchure ; il est destiné à scier des marbres et des pierres. Après ce moulin l'eau fait une chûte qui la met au niveau de la Seine.

Effet des moulins. Pour le service de ces moulins on retient l'eau, afin de l'accumuler et de la précipiter avec plus de force sur les roues qu'elle met en jeu.

De là il résulte habituellement un grand ralentissement dans le cours de cette rivière, qui sans cela seroit assez rapide ; et, dans d'autres instans, une affluence très-précipitée des eaux qu'on est obligé de laisser échapper par ce qu'on nomme des *déversoirs*.

Canaux et bassins latéraux supérieurs. C'est celui du moulin de Croule-Barbe qui verse toutes les eaux qui se répandent à gauche dans toute la partie supérieure du vallon de la Bièvre. Ces eaux sont reçues d'abord dans plusieurs bassins, et de l'un de ces bassins, elles sont en partie reversées dans un canal latéral qui, après avoir arrosé toute la partie du vallon qui est entre la rue de l'Oursine, les Gobelins et Saint-Hyppolite, vient se réunir au lit principal de la rivière, un peu au dessus de la rue Mouffetard.

Dans ce canal l'eau est courante, mais dans les bassins elle est stagnante. (1)

(1) La manière dont se distribuent les eaux dans les bassins et le canal latéral, est très-remarquable. Au déversoir du moulin de Croule-Barbe, l'eau se partage en deux. Une très-petite partie s'épanche par un foible ruisseau dans un long bassin fait en forme de canal ; ce bassin est celui que nous avons nommé le sixième ; il est parallèle au canal latéral, et s'y décharge à son autre extrémité, par une très-petite rigole. En sorte que cet épanchement ne donne presque aucun mouvement à l'eau du canal. La plus forte portion de l'eau qui sort du déversoir, passe dans la rue du Champ de l'alouette, entre dans un canal qui la conduit au premier bassin. Elle y suit deux routes ; l'une la conduit dans un autre canal, contre sa première direction ; elle traverse encore la rue, et se jette dans le canal latéral qui arrose le vallon de l'Oursine ; par l'autre elle se rend par regorgement, en passant sous le boulevard, dans le second bassin, à l'autre extrémité

Ces bassins sont au nombre de six, dont cinq d'une étendue plus ou moins grande, sont creusés de distance en distance, depuis le moulin de Croule - Barbe, en remontant vers Gentilly, jusque bien près du moulin des Prés. Les deux derniers ont été très-récemment creusés pour prévenir les inondations de la prairie. Tous communiquent entr'eux et tous, excepté le premier, par de simples rigoles de décharge qui portent le trop plein de l'un à l'autre. Il en résulte que l'eau de ces bassins est dans une stagnation presque absolue, et se couvre des plantes qui ont coutume de croître à la surface des eaux dormantes.

Outre cela, dans différens endroits du vallon de la rue de l'Oursine, plusieurs autres bassins sortent à angle droit du canal latéral, et l'eau dont ils se remplissent n'ayant pas la facilité de revenir sur elle - même y reste nécessairement dans une stagnation presque absolue. (1)

duquel elle trouve une issue au moyen de laquelle elle remplit le troisième, de pareille grandeur et parallèle au second. Ce troisième n'a de décharge que par un étroit ruisseau situé à la même extrémité par laquelle l'eau est entrée ; en sorte que toute l'eau de ce bassin est absolument sans mouvement. Ce ruisseau, dont le cours est fort long, conduit le peu d'eau qu'il reçoit dans le quatrième bassin ; il continue sa route, va s'épancher encore dans le cinquième : ces deux derniers bassins sont placés dans le vallon de Gentilly. Le même ruisseau passe encore outre, et va se confondre dans les fossés qui reçoivent l'eau d'une petite fontaine qui donne un filet d'eau vive ; leurs eaux rentrent dans Gentilly, et s'y confondent avec le lit principal. Il est impossible de trouver une disposition plus propre à établir, dans des eaux épanchées, une stagnation complette. (*Voyez le Plan.*)

(1) La première de ces décharges à angle droit, a lieu dans la première partie du vallon de l'Oursine, près du terrain des Cordelières, et sous leurs murs. Là, du canal latéral sort, à angle droit, un canal dont partie se vide dans un grand bassin, duquel l'eau s'échappe entre des pierres pour remplir d'autres bassins de moindre grandeur ; partie se verse encore, à angle droit, dans un autre canal qui, se recourbant lui-même à angle droit, revient se rendre dans le canal latéral, encore à angle droit. Dans toutes ces décharges, l'eau est presque sans mouvement, et le vallon de l'Oursine est souvent inondé complettement par ces canaux. Les jardiniers qui le cultivent s'en plaignent beaucoup, et désireroient être débarrassés de tous ces canaux et du canal latéral lui-même, qui leur est plus nuisible qu'utile.

La seconde décharge se fait dans la seconde partie du vallon de l'Oursine, au dessous de la rue Saint-Hyppolite ; là, par un double angle droit, se forme un canal que les habitans appellent la *Rivière morte :* nom qui exprime très-bien son inutilité, ses inconvéniens, et la stagnation de ses eaux. (*Voyez le Plan.*)

Proportion des eaux stagnantes aux eaux courantes.

Si l'on considère maintenant l'étendue des eaux qui sont versées dans cette partie du vallon de la Bièvre par le moulin de Croule - Barbe , on verra que la surface des eaux stagnantes y est sensiblement plus grande que celle des eaux courantes ; et si l'on joint à cette considération que dans le canal propre de la rivière les eaux sont retenues, au dedans de Paris, par quatre moulins successivement, et qu'alors leur cours est , sinon intercepté, du moins ralenti considérablement, on verra que la mesure de stagnation dans un tems donné s'accroît dans une grande proportion.

Si l'on ajoute à ce calcul celui des inondations qui ne sont pas rares, et qui, selon quelques cultivateurs de ce vallon, peut monter à une inondation tous les cinq ans, on comprendra à quel point l'atmosphère qui couvre ce terrain doit participer de la nature de celles qui sont altérées par le voisinage des marais.

Lit et canaux latéraux dans la partie inférieure.

Dans sa partie inférieure la rivière , plus basse que le sol , ne répand point ses eaux dans le vallon , mais elle reçoit les eaux de trois égoûts découverts dont deux ont un cours assez étendu. Le premier est l'égoût des rues Mouffetard et de l'Oursine ; quoique bien dallé, très-court et d'une assez forte inclinaison, il est presque toujours surchargé d'ordures, de boue, et d'immondices.

Formation du canal qui reçoit l'égoût de Scipion.

Au milieu de l'espace qui est entre la rue Mouffetard et la rue du Pont aux Biches commence un canal parallèle à la rivière, du côté droit. On lui a donné le nom de *Eaux-ru ;* son origine et sa formation sont très - mal exprimées dans la plupart des plans gravés de Paris. Ce canal reçoit d'un côté l'égoût de la maison de Scipion, et de l'autre par deux écluses il reçoit l'eau de la rivière lorsqu'elle est surabondante. Mais le plus souvent ces écluses sont fermées et l'eau seule de l'égoût coule lentement dans ce canal. Il est pavé depuis son origine jusqu'à la rue du Jardin des Plantes. Là il cesse de l'être et se perd dans la rivière après un assez long trajet dans les jardins.

C'est à quelque distance de là et après avoir traversé le boulevard, que la Bièvre est accompagnée d'un troisième ruisseau formé par l'égout de la maison de la Salpétrière; ce ruisseau prend naissance au dessous des murs de cette maison, du côté du nord. Il se forme de la réunion des issues de plusieurs éviers et latrines dont les eaux se rassemblent dans des fossés, où elles stagnent à l'air libre; de ces fossés elles se rendent par regorgement dans un canal qui n'est dallé et couvert que dans l'espace de quelques toises seulement. Parvenu près de la rivière, ce canal se recourbe à angle droit (1) dans la direction du lit principal, avec lequel il ne se confond pas. Il est reçu dans un lit beaucoup plus profondément creusé, et ne se réunit à la Bièvre qu'après la chûte qu'elle fait au dessous du moulin à scier.

Les eaux de la rivière de Bièvre contiennent de la sélénite ou sulfate de chaux; elles dissolvent mal le savon, elles coulent dans un terrain abondant en glaise, et la lenteur de leur cours favorise la naissance d'une grande quantité de plantes aquatiques; aussi cette rivière dépose-t-elle partout beaucoup de vase; elle en dépose tant, que même au dessus de Paris et à Gentilly l'on est obligé d'en curer le lit et de rejeter la vase sur la rive. Cette opération se fait au mois d'août, dans les plus fortes chaleurs, c'est-à-dire lorsque les eaux sont le plus basses, mais elle se fait mal et très-incomplettement dans Paris; et dans quelques endroits elle n'a absolument pas lieu. La vase qu'on rejette ainsi paroît formée d'une base argileuse et des débris des végétaux qui s'y putréfient et qui répandent une odeur désagréa-

Égout de la Salpétrière.

Nature et état des eaux de la Bièvre dans Paris.

___

(1) A cet angle se trouve un canal de décharge par lequel les eaux de la rivière pourroient communiquer avec les eaux de l'égout; mais un batardeau les retient et les réserve entièrement pour le moulin à scier. Il est encore un endroit où l'on avoit établi un petit moulin à scier, qui maintenant est abandonné. Ce moulin laissoit échapper une partie des eaux qui tombaient dans le canal destiné aux eaux de l'égout; mais cet échappement n'a plus lieu, et toutes les eaux de la rivière se portent sur le dernier moulin.

ble. Il s'y joint dans Paris beaucoup d'ordures de toutes espèces et des matières animales. Les blanchisseuses, les teinturiers, les tanneurs, les mégissiers, une boyauderie, une manufacture de bleu de Prusse, plusieurs amidonniers et les égouts de Scipion et de la Salpétrière fournissent la plupart de ces matières qui donnent à la vase une couleur noire et une odeur infecte.

Odeur infecte des eaux de la Bièvre.

Les eaux même de la rivière en sont pénétrées, et lorsque après les avoir retenues pour le service des moulins on vient à les lâcher, il se répand par tout le voisinage une odeur insupportable; c'est ce qui arrive surtout aux moulins de la rue Mouffetard et du Jardin des Plantes, et au moulin à scier; car le moulin de Croule-Barbe, au dessus duquel il n'y a pas de manufacture, ne produit pas le même effet. On conçoit aussi que, sans la stagnation que ces moulins occasionnent dans les eaux, les matières entraînées plus rapidement se corromproient bien moins; et l'on peut présumer que cette interruption a beaucoup de part aux inconvéniens qu'on attribue au cours de la Bièvre dans l'intérieur de la Capitale.

Mais le lieu le plus infecté est l'embouchure de la rivière. Comme elle se rend à angle droit (1) dans la Seine, son courant est considérablement retardé en cet endroit, et, si les eaux ne sont pas hautes, il s'y accumule une masse considérable d'immondices qu'on est obligé de tems en tems de rejeter sur les bords. Les émanations y sont telles que nous avons vu toute l'argenterie et la batterie de cuisine d'une petite auberge située en cet endroit, entièrement noircie, malgré le soin qu'on a de les entretenir dans une grande propreté et de les tenir enfermées.

(1) La rive de la Seine, au dessous de l'embouchure de la Bièvre, fait une saillie assez forte, toute composée des ordures que charrie cette rivière. Quand on enremue le sol, il en sort des émanations très-désagréables, et qui saisissent quelquefois les organes de l'odorat et du goût, de manière à y laisser des impressions durables. C'est ce qui est arrivé à M. Boncerf, en visitant les rives de la Seine, conjointement avec l'un de nous. On en a fait mention dans un rapport fait à la municipalité provisoire, sur l'état actuel des rives de la Seine. Ce rapport est imprimé à la suite de celui-ci.

Tant

Tant de causes apparentes d'insalubrité ont-elles sur la santé des habitans de cette section une influence aussi marquée qu'on seroit tenté de le croire ? C'est à quoi nous allons répondre.

Beaucoup d'ouvrages sont remplis d'observations très-démonstratives sur les mauvais effets des émanations que répandent les marais, et sur l'influence nuisible des eaux stagnantes : mais il faut ajouter à ces observations une remarque essentielle ; c'est que cette mauvaise influence est supérieurement corrigée toutes les fois qu'un air très-libre et très-mobile en balaye aisément la surface ; qu'elle devient au contraire très - nuisible toutes les fois que le mouvement de l'air est arrêté par quelques obstacles dans sa direction la plus salutaire ; et qu'enfin il n'est pas de circonstance plus funeste que celle où un air stagnant repose sur une eau stagnante.

D'après la disposition du vallon dans lequel coule la rivière de Bièvre, la direction la plus salutaire que l'air puisse prendre est du nord au midi et du midi au nord ; par conséquent plus les voies seront libres dans cette direction, moins les habitans doivent être affectés de l'influence des eaux stagnantes. Ainsi quoique presque partout on se plaigne plus ou moins des émanations fétides de la rivière de Bièvre, il est beaucoup d'endroits où son voisinage n'occasionne aucune maladie. On n'en voit point qu'on puisse attribuer spécialement à cette cause, parmi les habitans qui environnent le vallon très-ouvert de la rue *de l'Oursine*, jusqu'au lieu de son rétrécissement. Les maisons qui depuis la rue *Mouffetard* jusqu'à celles du *Pont aux Biches* sont rangées des deux côtés de la Bièvre, jouissent du même avantage ; ces maisons forment au dessus de la rivière un canal assez large dans lequel l'air suit aisément la direction du nord au sud, elles ont de vastes cours, et leurs portes presque toujours ouvertes placées rue *Censier* et rue du *Fer - à - moulin*, forment de gauche à droite des ventilateurs dans une action

Marginalia :

Influence sur la santé des habitans.

Principes généraux.

Lieux où cette influence est nulle.

presque continuelle. De la rue du *Pont aux Biches* à celle du *Jardin des Plantes*, le terrain couvert de jardins et environné de peu de maisons, surtout du côté le plus ouvert du vallon, du côté de la rue de *la Muette*, n'offre aucun obstacle à la ventilation. Enfin les terrains qui suivent la rue du *Jardin des Plantes*, quoique très-inférieurs au sol des rues et des boulevards qui les environnent, forment un champ trop vaste et trop découvert pour que l'air y séjourne en aucun endroit.

Ces observations dont l'inspection des lieux pouvoit faire présumer les résultats, nous ont été confirmées par M. Coquereau notre confrère, qui depuis plus de vingt ans donne ses soins aux indigens de ce quartier.

Lieux où les émanations de la rivière influent sur la santé des habitans.

Une expérience constante lui a appris que ce n'est que dans un petit nombre d'endroits qu'on observe habituellement les effets qu'on a coutume d'attribuer au voisinage des eaux stagnantes. D'après les indications qu'il nous a données et les renseignemens que nous avons pris nous-mêmes, ces endroits peuvent se réduire à quatre; 1.° la partie du clos Payen qui est voisine du moulin de Croule-Barbe (1) ; 2.° l'endroit où la rue de l'Oursine se termine dans la rue Mouffetard ; 3.° la partie de l'hôpital de la Salpétrière qui est au dessus du lieu où commence l'égoût de cette maison ; 4.° enfin l'embouchure même de la rivière à l'endroit du moulin à scier.

1.° La portion du clos Payen dont il est ici question, est placée après le premier rétrécissement du vallon, elle contient un des bassins dont nous avons parlé; elle est terminée au sud par le boulevard fort élevé au dessus de son sol, et du côté du moulin, par des murs élevés et des maisons dont la direction est, comme celle du boulevard, du levant au couchant. Elle contient donc des eaux stagnantes, l'air y est aussi stagnant, et la direction que

---

(1) Le clos Payen se divise en deux portions; l'une est le clos Payen hors des murs, l'autre est le clos Payen dans les murs. Cette dernière portion contient le premier bassin d'eau dorman- te; la portion hors des murs contient les second et troisième bassins; entre l'une et l'autre portion s'élève le boulevard.

peut y prendre l'air n'est pas dans un sens favorable à l'enlèvement des émanations dangereuses.

On y observe souvent des fièvres intermittentes opiniâtres, et même d'un mauvais caractère; on y a vu plus qu'en aucun autre endroit des maux de gorge gangreneux. (1)

2.º De pareilles affections ont lieu très-communément dans les habitations qui sont situées au rendez-vous des ruisseaux des rues *de l'Oursine , Censier* et *Mouffetard.*

Dans ce lieu placé à l'extrémité du grand vallon de l'Oursine , à l'endroit où les montagnes Sainte-Geneviève et des Gobelins se rapprochent et se touchent, les maisons sont plus entassées , le canal de la rivière est fort resserré, la vase y est souvent à nud au dessous du moulin; enfin l'égoût Censier est encore placé dans cet endroit, dans lequel la circulation de l'air est évidemment rompue dans sa direction la plus importante.

3.º L'égoût de la Salpétrière prend naissance dans un angle formé par des murs élevés dont l'aspect est nord et ouest, et qui par conséquent forment un obstacle à la ventilation. On ne voit en cet endroit qu'une seule fenêtre , c'est celle de la chambre d'une des officières de la maison. M. Saillant notre confrère sait, et cette officière nous l'a raconté en sa présence, que l'année où elle fut établie dans cette chambre , elle et une fille qui couchoit dans le même lieu furent attaquées d'une fièvre intermittente opiniâtre , et dont elles eurent beaucoup de peine à guérir.

4.º Enfin près de l'embouchure de la rivière, plusieurs ouvriers du moulin à scier nous ont dit que les nouveaux venus d'entre eux étoient souvent attaqués de fièvre dans la première année (2). Nous en avons vu un qui en

(1) Les personnes qui habitent cet endroit, sont à la vérité des blanchisseuses, plus sujettes à ces sortes de maladies que les autres ouvriers. Mais la rue de l'Oursine et la rue Censier sont aussi habitées par un grand nombre de blanchisseuses, et dans ces endroits les maladies de ce genre sont loin d'être aussi fréquentes que dans la rue des Anglaises et dans les maisons qui avoisinent le clos Payen.

(2) Comme ils ne sont pas fort tou-

avoit été malade plusieurs fois, et dont la constitution en avoit été sensiblement altérée : quoique ce lieu soit assez découvert, il faut remarquer qu'en cet endroit le lit de la rivière, souvent encombré par des matières animales et même par des animaux entiers, est, outre cela, enfoncé profondément dans une gorge d'où les émanations sont emportées plus difficilement que des lieux où la rivière est au niveau du vallon.

Il est à remarquer que de ces quatre endroits, trois sont voisins des moulins.

Telles sont les maladies dont la fréquence paroît être due au voisinage de la rivière des Gobelins. Nous ignorons si les affections écroüelleuses, assez communes parmi les enfans de ce quartier, doivent être attribuées à la même cause, ou simplement à la malpropreté et à la misère.

Résumé des causes auxquelles on doit attribuer les inconvéniens de la rivière de Bièvre dans Paris. Quoi qu'il en soit, les principaux inconvéniens qu'on peut reprocher à la rivière de Bièvre doivent être attribués 1.° aux bassins nombreux dans lesquels l'eau reste stagnante ; 2.° à l'effet des moulins entremêlés sur un même canal, et aux différentes manufactures dont cette rivière entraîne les immondices ; 3.° à l'abondance de la vase qui souvent reste à nud au dessous des moulins, et dont, dans l'état actuel, il est très-difficile de curer parfaitement le lit de la Bièvre ; 4.° à ce que les égoûts qui accompagnent cette rivière sont très-rarement lavés par l'eau courante ; 5.° à ce que cette rivière, à son embouchure, se jette à angle droit dans la Seine, et par conséquent se décharge avec difficulté des immondices qui la remplissent ; 6.° à ce que la disposition des bâtimens qui la traversent en divers lieux s'oppose au mouvement de l'air le plus propre à entraîner les émanations malfaisantes.

chés de ces sortes de maladies, si on les questionne sur l'insalubrité du lieu en général, leur réponse ne donne aucune idée de cette influence ; mais si on leur fait des questions détaillées sur les fièvres périodiques, et sur les autres incommodités de ce genre, qu'on attribue ordinairement aux émanations des marais, leurs réponses sont plus positives, et l'on voit alors que ces sortes d'affections sont très-communes.

Il seroit donc nécessaire, pour délivrer les habitans de la section des Gobelins de l'odeur infecte que répandent souvent les eaux de la Bièvre, et pour détruire la mauvaise influence qu'elles paroissent avoir en quelques lieux sur la santé des citoyens de ce quartier, de faire les changemens suivans :

1.° Combler tous les bassins et canaux latéraux, et en faire refluer l'eau dans le véritable lit :

2.° Déplacer les moulins actuellement entremêlés aux manufactures dans l'intérieur de la section, les établir soit hors des murs, entre Gentilly et Paris, soit au dedans des murs, mais au dessus des manufactures dont actuellement ils arrêtent et suspendent les eaux ; sans cela, il faudroit renoncer et à procurer l'écoulement des eaux stagnantes, et à détruire l'infection qui rend plusieurs parties de ce quartier presque inhabitables :

3.° Disposer le lit de la rivière de manière que, les obstacles à l'écoulement des eaux étant éloignés, l'inclinaison soit plus uniforme, et par conséquent le cours des eaux plus rapide :

4.° Faire paver ou daller le fond du lit dans toute son étendue dans l'intérieur de Paris, afin que le nettoyage ou le curage de la rivière se fasse avec facilité et promptitude :

5.° Opérer ce curage complettement tous les mois au moins, à cause des immondices que les eaux de la Bièvre reçoivent nécessairement et journellement des manufactures établies dans toute l'étendue de leur cours:

6.° Couvrir les égoûts qui se rendent dans la Bièvre, les y diriger par la voie la plus courte et avec la plus forte inclinaison possible, en paver ou en daller le fond, et les laver souvent ; conduire l'égoût de la Salpétrière droit à la Seine : le long trajet qu'il fait maintenant est presque double de celui qu'il feroit dans l'autre sens :

7.° Disposer le lit de la Bièvre à son embouchure, de manière que la direction de ses eaux forme un angle aigu

Changemens à faire dans la disposition du lit et des canaux de la Bièvre.

dans le sens des eaux de la Seine ; que le fond de cette partie du lit de la Bièvre soit supérieur au lit de la Seine , et que son inclinaison en cet endroit soit dans l'espace de quelques toises plus forte que dans tout le reste du cours de cette rivière, afin que les eaux y soient moins disposées à la stagnation :

8.° Rompre, s'il est possible , les angles trop forts que la Bièvre fait en quelques endroits, principalement auprès de la rue Mouffetard, où le lit se recourbe deux fois à angle droit :

9.° Détruire l'obstacle qu'apportent au libre cours de l'air les murs élevés ou les bâtimens qui traversent la Bièvre de l'est à l'ouest en plusieurs endroits ; faire en sorte que cette rivière soit découverte dans toute son étendue, et que l'espèce de canal formé par les bâtimens qui la bordent, soit complettement libre dans sa direction du sud-ouest au nord-est, c'est-à-dire dans la direction du vallon.

Il seroit encore utile que le long des bords de cette rivière on formât des établissemens pour les blanchisseuses, pour que partout elles pussent se livrer à leur pénible travail, sans être exposées à l'ardeur du soleil et à l'injure des tems.

La Société de Médecine pense que ces travaux qu'elle propose méritent, par leur utilité , toute l'attention du département ; elle offre de se joindre aux artistes qui en seront chargés , pour leur communiquer les idées qu'elle croira propres à en assurer le succès. C'est au moment où tant de voix s'élèvent en faveur du pauvre, que le Médecin, confident assidu de ses misères, doit se flatter de voir enfin la retraite qu'il habite et l'air qu'il respire ne plus conspirer avec tant d'autres fléaux pour lui ravir jusqu'à la santé , le premier et le plus précieux de ses biens.

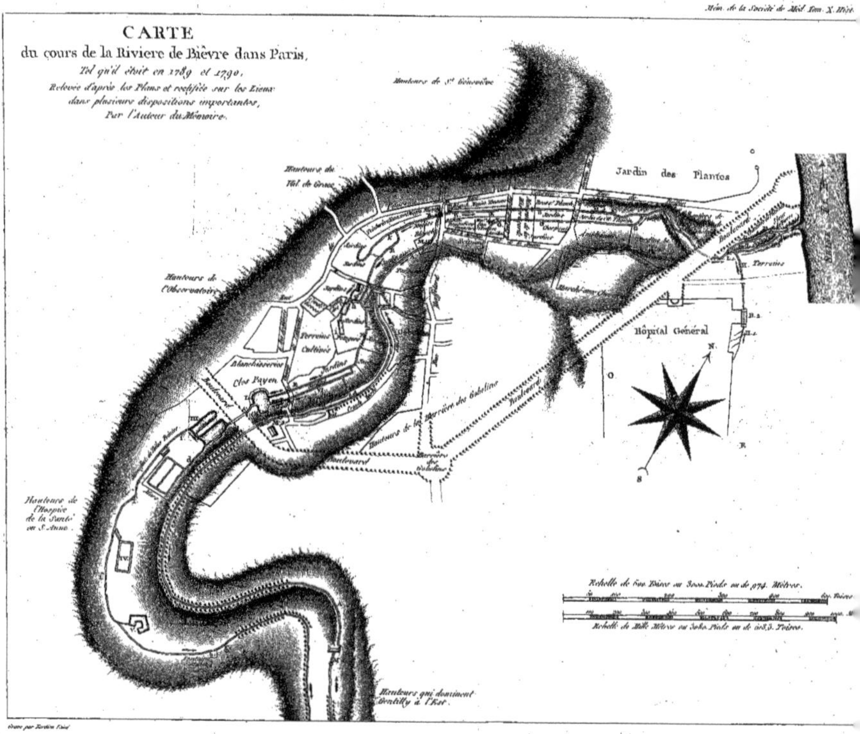

CARTE

du cours de la Rivière de Bièvre dans Paris,

Tel qu'il étoit en 1789 et 1790.

Relevée d'après les Plans et rectifiée sur les Lieux

dans plusieurs dispositions importantes,

Par l'Auteur du Mémoire.

Hauteurs de St. Geneviève

Jardin des Plantes

Hauteurs de
Tél. de Grace

Hauteurs de
l'Observatoire

Jardins

Terreins
Cultivés

Jardins

Blanchisseries

Clos Payen

Hauteurs de
l'Hospice
de la Santé
ou S.te Anne.

Boulevard

Hauteurs de la Barrière des Gobelins

Boulevard

Terreins
de
Gobelins

Jardin des Plantes

m. Terreins

Hôpital Général

O

N

E

S

Hauteurs qui dominent
Bentilly à l'Est.

Echelle de 600 Toises ou 3600 Pieds ou de 974 Mètres.

Echelle de Mille Mètres ou 3076 Pieds ou de 513,3 Toises.

Gravé par Tardieu l'ainé.

INDICATIONS

Relatives au Plan ou Carte du cours de la rivière de Bièvre.

A, B, C. *Lit principal* de la rivière.

A A A. Lit principal dans sa partie supérieure, où il est plus haut que le vallon dans lequel il coule.

BB, CCC. Le même dans sa partie inférieure, au dessous de la rue Mouffetard BB, à-peu-près de niveau avec le vallon; CCC, s'enfonçant de plus en plus au dessous de la surface du vallon.

D Chûte rapide de la rivière où elle tombe au niveau de la Seine.

a Déversoir au dessous du moulin de *Croule-Barbe*, qui verse une partie de l'eau dans la rue du *Champ de l'alouette*.

b Canal qui conduit une partie de cette eau dans les bassins suivans.

N.° I. Bassin du *clos Payen*, ou premier bassin.

N.° II, III, IV, V; 2.ᵉ, 3.ᵉ, 4.ᵉ, 5.ᵉ bassins au-delà du Boulevard.

c Canal qui conduit du 1.ᵉʳ au 2.ᵉ bassin, par dessous le Boulevard.

d Décharge du 2.ᵉ bassin qui fournit de l'eau à de petits canaux à l'usage d'une manufacture de toiles peintes.

e Canal qui conduit du 2.ᵉ bassin au 3.ᵉ

fff Ruisseau de décharge du 3.ᵉ bassin, qui va fournir dans le vallon les 4.ᵉ et 5.ᵉ bassins, et se confondre avec les eaux de la *fontaine Mular*.

gg Conduite commune des eaux du ruisseau de décharge et de la fontaine Mulard qui coulent vers *Gentilly*, pour s'y confondre dans le lit principal avec les eaux de la rivière.

N.° VI. 6.ᵉ bassin, en forme de canal, qui reçoit une partie de l'eau versée dans la rue du *Champ de l'alouette*.

E *Canal latéral* fourni par l'eau du 1.ᵉʳ bassin qui s'échappe par une écluse.

h , *ii* , *k*. Décharges du canal latéral. *ii* bassins formés dans le
vallon de *l'Oursine*, par la décharge *h*; *k* décharge
formant ce qu'on nomme la *Rivière morte*.

   l   Réunion du canal latéral au lit principal au dessus de
la rue Mouffetard.

: : : : : Communications souterraines entre le lit principal et
le canal latéral, entre celui-ci et ses décharges.

   F   Egoût des rues Mouffetard, Censier et de l'Oursine,
qui se rend dans la rivière de Bièvre.

G G G. Egoût appelé *Faux-ru*, fourni originairement par
l'égoût de la maison *Scipion*.

   H   Egoût de la Salpétrière.

       H 1. Sa naissance. H 2. Partie dans laquelle il est bâti
et couvert. H 3. Partie dans laquelle il coule paral-
lèlement à la rivière, mais fort au dessous d'elle,
pour s'y réunir au lieu de sa chûte en D.

   K   Ecluse par laquelle la rivière de Bièvre communique
avec le *Faux-ru*.

  L 1. Batardeau qui retient les eaux pour le moulin à scier,
et les empêche de tomber dans l'égoût de la Salpétrière.

  L 2. Ecluse qui fait le même office un peu plus bas.

M 1, 2, 3, 4, 5. Moulins établis sur la rivière de Bièvre.

   1.   Moulin dit *des Prés*.

   2.   Moulin dit de *Croule-Barbe*.

   3.   Moulin à foulon, près la rue Mouffetard.

   4.   Moulin à farine dans la rue du Jardin des Plantes.

   5.   Moulin à scier les pierres, au dessus de la chute et de
l'embouchure de la rivière de Bièvre.